Cartoons für **Väter**

Johann Mayr

Cartoons für **Väter**

LAPPAN

DER AUTOR

Johann Mayr,
1956 in München geboren, studierte Landschaftsarchitektur und arbeitet freiberuflich als Stadtplaner sowie als Zeichner und Cartoonist. Er veröffentlicht u.a. in der *Süddeutschen, Sächsischen Zeitung, Weltbild* und im *Eulenspiegel.* Bei Lappan sind von Johann Mayr *„Viel Spaß in der Schwangerschaft"*, *„Das Cartoon-Gästebuch"*, *„Cartoons für Radfahrer"*, *„Cartoons für Theologen"* und *„Cartoons für Mütter"* erschienen.

5. - 7. Tausend
2. Auflage Oktober 1999

Konzept und Gestaltung: Dieter Schwalm
Reproduktionen: Saik Wah Press, Singapur
Gesamtherstellung: New Interlitho S.P.A., Caleppio di Settala
Printed in Italy. ISBN 3-89082-699-7

Mann
wird
Vater
johann mayr

Bei der Geburt dabei sein? Ich habe mich noch kaum von der Zeugung erholt!
johann mayr

Wann ist es denn soweit?
In zwei Wochen haben wir Termin!
Johann Mayr

Mama kann jetzt nicht mit dir spielen! Sie muß erst einkaufen, kochen Tisch decken, abräumen, abspülen, Wäsche waschen, aufhängen, Hemden bügeln, aufräumen, staubsaugen, Fenster putzen und Essen kochen! Aber Papa ist ganz für dich da!
Mama!
johann mayr

Mir gehts nicht um Sex! Ich such einen Vater für meine künftigen Kinder!
Oh Gott!
johann mayr

Erzähl mal, was du dir von Papa am sehnlichsten wünscht!
Zeit!
Aber klar bekommst du eine Uhr!
johann mayr

Wie soll ich ihn denn auf den Arm nehmen, wenn ich mir die Ohren zuhalten muß, weil er so schreit?
johann mayr

Mein Vater ist total stark, mit seinem Bulldozer kann er Häuser einreißen!

Pah! Nichts gegen meinen Vater! Der ist Lehrer und kann Jungs wie dir schlechte Noten geben!

In drei Wochen ist Geburts-termin!
Wie hast du bloß so schnell einen Termin bekommen?
johann mayr

Wenn du mir nicht sofort drei neue Barbiekleider kaufst, werf ich mich auf den Boden, schrei sehr laut und halte dann die Luft an, bis ich sterbe!!
johann mayr

Bitte nimm du ihn wieder, ich kanns dir irgendwie sowieso nicht recht machen!
Gott sei Dank!
johann mayr

Es ist bald soweit, wir brauchen warmes Wasser und einen Eierbecher!
LEBOYER
SANFTE GEBURT
ZEN UND DIE KUNST, EIN EI ZU LEGEN
johann mayr

Die neuen Kindersicherheits-systeme sind einfach genial, Schatz!
Johann Mayr

Stress daheim?
Schlimmer! Mein Vater versteht mich!
KIMSEE
johann mayr

johann mayr

Würdest du bitte bei u'serem Töchterlei' ei'e ASU durchführe' !
johann mayr

Warum Salatbesteck?
Rein-gepinkelt!
johann mayr

Man ist doch glücklich als frischgebackener Vater!
Sieht man mir das an?
Ja, zumindest an den Sabberflecken am Sakko!
johann mayr

Lärmschutz-
maßnahmen!
johann mayr

Ich suche eine Kinderausgabe von Thomas Manns Zauberberg für ca. 1 3/4 !
Buch oder CD-Rom?
J. MAYR
johann mayr

Ich habe nichts gegen Fortpflanzung im allgemeinen, aber selbst Vater werden ?
johann mayr

Unsere heutige Tageskarte bietet Aletemil, Aptamil, Aponti Humana, Lactana, Milumil, und Nektamil. Was darfs denn sein?
johann mayr

Durchschlafen? Kannst du das buchstabieren?
johann mayr

Papa ich bin ein Versager!
1. heißt es Vergaser und 2. kann ein Kind kein Vergaser sein!
johann mayr

Na Müller, jetzt auch schlagende Verbindung!
Nein Chef, rasiert, mit schreiendem Baby auf dem Arm!
johann mayr

Könnte es sein, daß es sich um ein Auslaufmodell handelt?
johann mayr

Die Lampe ist von Artemide, das Sofa von Thonet...
... und das Kind ist von uns!
johann mayr

Ich mach mir Sorgen wegen seiner Haare! Hoffentlich wirds kein Skinhead!
johann mayr

Spazieren-
fahren, nicht spa-
zierenhüpfen!
johann mayr

Irgendwie habe ich das Gefühl, seit ich Hausmann bin, schrumpft mein Pimmel und wächst ein Busen!
Laß dich nicht so gehen, ich kauf dir ein flottes Arbeits-kleidchen!
johann mayr

Papa....!?!
johann mayr

Kreißsaal
Aber-aber! Als frischgebackener Vater freut man sich doch!
Die Kleine hat mich gesehen und sofort angefangen zu schreien!
johann mayr

WARUM IST DIR BLOß IMMER SO ÜBEL!
ICH GLAUB, ICH WERDE VATER!
johann mayr

Schwester, ich hab mit meiner Frau zusammen gepreßt und dabei ist mir was rausgerutscht!
Kreißsaal
2009
johann mayr

Irgendwas stimmt nicht!
Pmpm, dmr Schlmf-mnzmg!
johann mayr

Windel geht, Fläschchen bleibt!
johann mayr

Am besten, Sie nehmen so eine Spieluhr: Kinderzimmertür aufreißen, an der Schnur ziehen, sofort reinwerfen, Tür zu – das Ding spielt ununterbrochen „Guten Abend – gut Nacht"!
johann mayr

Hast du im Kühlschrank übernachtet?
Ich will cool werden, Paps!
BUTTER
KÄSE
johann mayr

Verstehst du jetzt, warum man als Vater ein gewisses Polster braucht!
johann Mayr

Was war jetzt das Schönste an deinem Geburtstagsfest?
Feuerwehr-autofahren!
johann mayr

Wir freuen uns ja mit Ihnen Chef, daß Sie Vater geworden sind...
... aber sollten wir nicht auch mal an unsere Arbeit denken?
johann mayr

Die Rache des Hausmanns war subtil

Ich hoffe,
du hast die Garantie-
quittung aufgehoben!
johann mayr

Schneegänse rauschen durch die Nacht!
Schau, dein Vater hat sein Fläschen schon leergetrunken!
johann mayr

Vati ging gern einkaufen

Lappans Cartoon-Geschenke

Barbara Hömberg
Cartoons zum Abnehmen

Til Mette
Cartoons fürs Büro

Wilfried Gebhard
Cartoons für Eltern

Oliv
Cartoons für Golfer

Detlef Kersten
Cartoons für Großeltern

Wilfried Gebhard
Cartoons für Häuslebauer

Diverse
Cartoons zur Hochzeit

Peter Butschkow
Cartoons für Hundefans

Diverse
Cartoons für Krankenschwestern

Diverse
Cartoons für Lehrer

Karl-Heinz Brecheis
Cartoons für Manager

Karl-Heinz Brecheis
Cartoons für Pferdefans

Polo
Cartoons für Schwiegermütter

weitere Titel aus der Reihe

Lappans Cartoon-Geschenke

Cartoons für Ärzte
Cartoons für Autofans
Cartoons für Banker
Cartoons für Computerfreaks
Cartoons für Feinschmecker
Cartoons für Fußballfans
Das Cartoon-Gästebuch
Cartoons für Geburtstagskinder
Cartoons für Glückspilze
Cartoons für Hobbygärtner
Cartoons für Juristen
Cartoons für Katzenfans
Cartoons für Männer
Cartoons für Motorradfans
Cartoons für Mütter
Cartoons für Psychologen ...
Cartoons für (Ex-) Raucher
Schöne Bescherung
Cartoons zur Schwangerschaft
Cartoons für Segler
Cartoons für Sekretärinnen
Cartoons zur Silberhochzeit
Cartoons für Singles
Cartoons für Sozialarbeiter
Cartoons für Sportler
Cartoons für Starverkäufer
Cartoons für Studenten
Cartoons für Surfer
Cartoons für Theologen
Cartoons für Väter
Cartoons für Verliebte
Cartoons für Zahnärzte

Wir senden Ihnen gern unser Gesamtverzeichnis: Lappan Verlag GmbH · Postfach 3407 · 26024 Oldenburg